金斯伯格的故事

从平民女孩到大法官

[美] 凯瑟琳·克鲁 著　张小溪 绘　屈思秦 译

NO TRUTH WITHOUT RUTH

THE LIFE OF RUTH BADER GINSBURG

法律出版社 LAW PRESS·CHINA
北京

NO TRUTH WITHOUT RUTH: The Life of Ruth Bader Ginsburg
by Kathleen Krull and Illustrated by Nancy Zhang

著作权合同登记号
图字:01－2020－6769

献给弗吉尼亚·罗哈根教授，一位敏锐的钢琴鉴赏家，但绝不仅于此。

——凯瑟琳·克鲁

献给所有正在追求梦想的女性。

——张小溪

艾达·贝·韦尔斯
（美国人权运动、女权运动领袖，记者，教育家，全美有色人种协进会创始人之一）

爱莉丝·保罗
（美国女权运动领袖，于1920年促使美国联邦政府通过了女性投票权的法案）

弗吉尼亚·伍尔芙
（英国女作家，被誉为20世纪现代主义与女性主义的先锋）

苏珊·布朗奈尔·安东尼
（19世纪美国民权运动与女权运动的著名领袖）

如今，我们很容易将女性平权、男女平等看作理所当然的事，但在过去，女性们每天都会在她们的家庭、学校和工作中遭遇各种不平等的对待。

很多时候，一些被现在的我们认为是理应如此的事，其实是由曾经的某个人为我们争取来的。本书就是要讲述这样一位“变革者”的故事：

鲁斯·巴德·金斯伯格（RBG），一位为平等和真理而战的勇士。

鲁斯·巴德·金斯伯格

鲁斯常说，她的母亲西莉亚是她见过的最聪明的人。

西莉亚热爱学习。她会把全优的成绩单带回家给她的父亲看，但是她父亲对此却毫不在意——因为她只是个女孩。

西莉亚 15 岁时便提前三年以班上第一名的成绩从高中毕业了。为了供哥哥上大学，高中一毕业，她便开始去工厂里工作挣钱。等到结婚后，西莉亚便辞职了，因为在当时，人们普遍认为结了婚的女人不应该在外面工作。

西莉亚也将自己对学习的热情传递给了女儿。母女俩每周都会去图书馆，在那里，西莉亚督促鲁斯阅读了大量的书籍，从古希腊神话到《南希·朱尔》①，等等。那座图书馆位于一家中餐馆的楼上，因此在此后的岁月中，每当鲁斯在阅读时，都会忆起食物的香气，还有母亲。

①南希·朱尔（Nancy Drew）：指一群笔名都为卡洛琳·基恩的作家从1930年开始连载的长篇悬疑小说《南希·朱尔》系列的女主角，她在书中以少年侦探的形象出现。

鲁斯的父母和祖父母是为了躲避俄罗斯和波兰的宗教迫害而移居美国的犹太裔移民。他们所在的布鲁克林区是许多“新美国人”的归所。这些人为了一个更加美好的生活而终日辛勤劳作，梦想着自己的儿子能够成为医生或者律师，而女儿则可以和医生或者律师结婚。那时，人们不认为女孩与男孩的能力相当，也不期待她们拥有自己的事业。

但是西莉亚的梦想却是让自己的女儿成为一个独立的、举足轻重的人，能像男孩子一样受到重视。一次，鲁斯带回家一份不尽如人意的成绩单，当她看到母亲那失望的神情，便明白了母亲对她的期望。

母亲期望她能有所作为。

13 岁时，鲁斯在参加犹太夏令营时担任了“营地拉比”[②]。而直到几十年后，女性才被允许担任真正的拉比。

也是在那一年，第二次世界大战结束，鲁斯悲痛地得知，她的许多亲人以及其他数百万犹太人因种族身份在欧洲遭到了屠杀。与此同时，类似的不公也在美国上演着——鲁斯有时会看到一些写有“犹太人和狗禁止入内”的标语。

在高中阶段，鲁斯不仅获得了全优的成绩，还积极投身于各种活动。那时人们并不鼓励女孩参加体育竞技。鲁斯担任了学校拉拉队的队长，负责为运动员呐喊助威。有一次，她因为转指挥棒转得太用力而把自己的牙齿磕坏了。

---

②拉比（rabbi），犹太教负责执行教规、律法并主持宗教仪式的人。——译者注

但是在鲁斯的家里，藏着一个悲伤的秘密——她的母亲正在与癌症作斗争。

鲁斯总是坐在西莉亚的床边写作业，因为她知道母亲有多爱看她学习的样子。

西莉亚在鲁斯毕业典礼的前一晚去世了。在毕业那天，鲁斯没有去学校做毕业演讲，也没有领取她的学业奖励，而是帮着父亲一起安排了母亲的葬礼。但按照犹太传统，追悼仪式必须由十个男人来完成，因此，鲁斯没能参加追悼仪式。

早年丧母对鲁斯来说是一次沉重的打击。

完成母亲的梦想成了鲁斯的目标。那年秋天，她考上了大学。因为成绩优异，她顺利获得了奖学金。除此之外，母亲在去世前也为她存了一些学费。

在大学里，其他学生形容鲁斯“聪明得可怕”。

因为那时的女孩大都极力隐藏自己的才智。为此，鲁斯不得不记住校园里所有女厕的位置，然后独自躲在那里学习。

她读到了一些关于约瑟夫·麦卡锡的新闻：这位来自威斯康星州的著名参议员对那些他认为是“国家敌人”的人们进行攻击和迫害，对美国的自由造成了严重威胁。[③]鲁斯十分钦佩那些敢于直接抵抗麦卡锡的律师们。在她看来，成为一名律师——一个为公正而战的斗士，是如此英勇。

---

③这一阶段的状态后来被称为“麦卡锡主义”。——译者注

那时，大多数年轻男子都不在乎一个女孩是否聪明，但马丁与他们不同。
当鲁斯与马丁相恋并结婚后，两人携手向着成为年轻律师这一目标共同前进。

在法学院，鲁斯的存在十分显眼，因为她是这个五百多人的班级里仅有的九位女生之一。

那些与女学生相处不自在的教授们有时会为了拿她们做笑柄而点名提问，然后在她们答不上来时嘲讽她们。

一天傍晚，法学院的院长邀请这九位女生前往他家里用餐。听起来多体贴啊！但实际上，他只是想质问她们为什么要占用男生的名额来这里读书。

鲁斯对此有些不知所措，只好含糊其辞地说了一些院长可能想听的话：她来这里学习是为了更好地理解她丈夫的工作。

虽然校园里的大部分区域是向女性开放的，但是也有一些地方只有男性才能进入。

一天晚上，为了完成一项作业，鲁斯必须从图书馆的旧杂志收藏室里借阅一份法律期刊。但是那个收藏室不对女性开放。她请求门卫帮她把杂志从里面带出来，但是门卫拒绝了。她不得不想其他办法来完成作业，以免自己的成绩受到影响。

私下里，有些男生叫她“无情的鲁斯”，甚至其他一些更过分的名字。但她觉得这样总比被叫“胆小如鼠的鲁斯”要强。

最终，她以全班最优秀的成绩顺利毕业。试想，她的母亲该多为她自豪啊！

但鲁斯却迟迟找不到工作。所有律所都拒绝聘用她，那些职位说明里都写明了“只招男性”。

后来，一位好心的教授帮鲁斯找到了一份法官助理的工作。

第一位面试她的法官问她平时穿不穿裙子——因为他无法忍受穿裤子的女人，但紧接着他又说：“算了，我是不会雇用女人的。”

于是鲁斯开始给另一位法官当助理。再后来，她又进入了一所为数不多的招收女性的法学院里担任教授。

从此，鲁斯·巴德·金斯伯格开始走上了为真理而战、为改变美国社会而战的道路。

随着时间的推移，法学院招收的女生越来越多了——男女比例大概达到了 100 ：6。

一天，一些女生请求鲁斯来讲授一门以“女性与法律”为题的新课程。鲁斯在图书馆里把所有能找到的相关材料读了个遍。然而这并没有花费她很长时间，因为关于这个题目的研究非常少。

鲁斯发现了法律对于女性的不公之处：整个法律系统是建立在“女性不如男性”这一落后思想的基础之上的。她意识到，每当法律中用到“保护”这个词，来说明女性需要被特殊关照时，其实都意味着又有一扇门向女性关闭了。

那时正是女性的社会地位发生巨变的 20 世纪 70 年代。鲁斯不断地问自己：如何才能让法律跟上社会进步的步伐呢？

她一边教书，一边参与成立“女权计划”（Women’s Rights Project）。参与这一计划的律师们维护了女性不因怀孕而被辞退的权利、女性参加体育竞技的权利，以及男性获得育儿假的权利。他们还与女性在就业和升职中遭受的无数不平等的规定进行着斗争。

鲁斯是该计划里的首席律师。她为许多案件写了辩护词，也时常亲自去地方法院进行辩护。

许多男性认为她十分“挑剔”“苛刻”，有时她的发言甚至无人理睬，相同的话除非出自一个男人之口时才会得到重视。

但是她仍然坚持发表自己的观点，为公正和真理发声。

1972年1月的一个下午，鲁斯第一次亲自在联邦最高法院进行了辩护。

九位大法官均为男性，是整个国家地位最高的法官，并且终身任职。他们穿着严肃的黑色长袍，居高临下地坐在法庭审判台后方的高背椅上。每当他们要对一些具有争议的案情作出决议时，就会向辩护律师们提出尖锐的问题。

鲁斯做好了万全的准备，但是她太紧张了，以至于开庭前连午餐也吃不下。

“尊敬的大法官阁下，请允许我……”鲁斯的辩护开始了。她有些不安，连声音都在颤抖。她想起了母亲，这给她带来了力量。

她戴着母亲的胸针和耳环，仿佛身着铠甲，真理则是她的武器，而那天的对手正是美国政府。

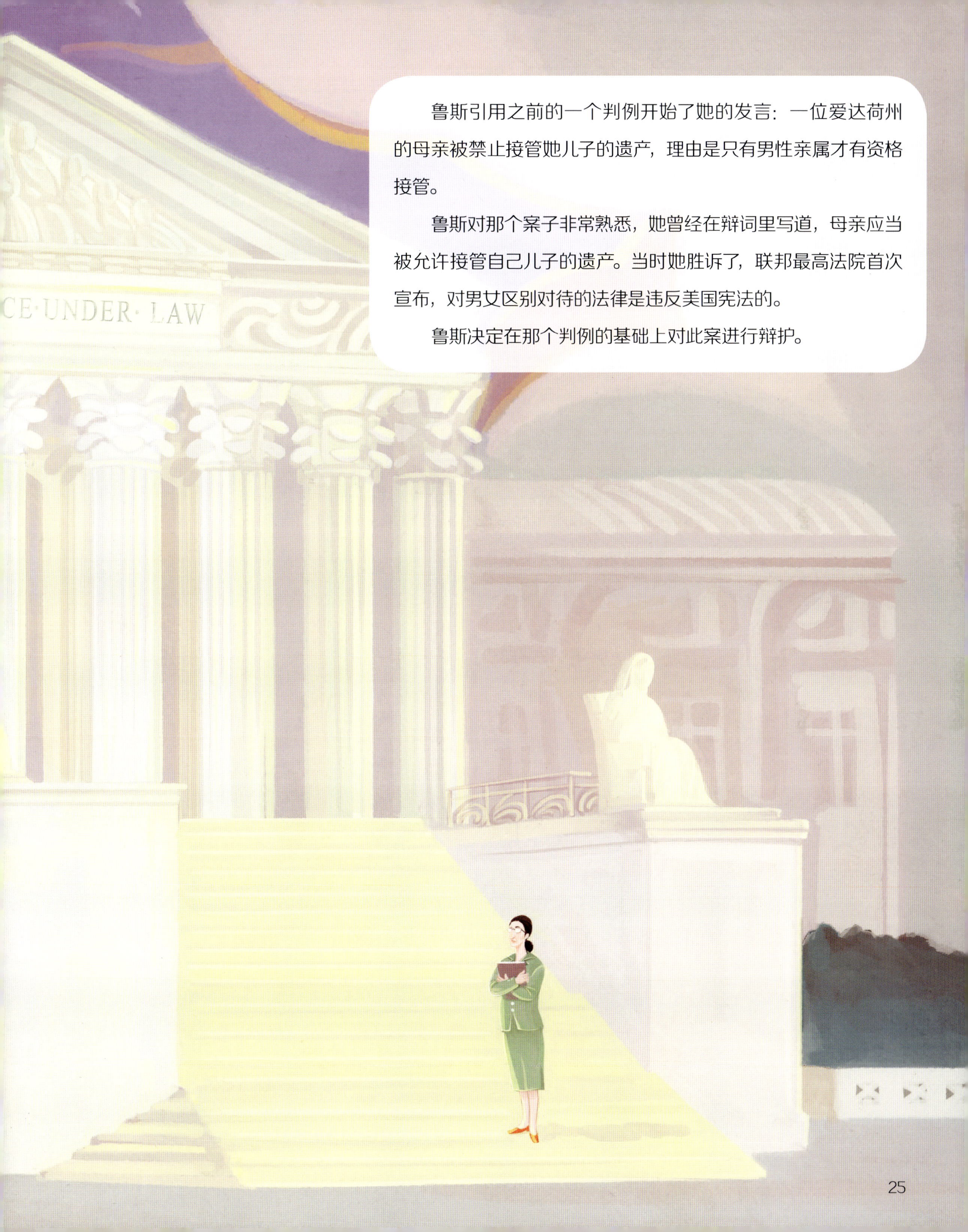

鲁斯引用之前的一个判例开始了她的发言：一位爱达荷州的母亲被禁止接管她儿子的遗产，理由是只有男性亲属才有资格接管。

鲁斯对那个案子非常熟悉，她曾经在辩词里写道，母亲应当被允许接管自己儿子的遗产。当时她胜诉了，联邦最高法院首次宣布，对男女区别对待的法律是违反美国宪法的。

鲁斯决定在那个判例的基础上对此案进行辩护。

在陈述案情时，鲁斯的信心逐渐高涨。毕竟，这些男人看起来再可怕，也得作为她的听众坐在这里。这是一次教育他们的好机会。

一位在美国空军服役的女军官的丈夫被政府拒绝为其提供医疗和住房补助。而男性军官的妻子们却可以享有这种福利。为此，鲁斯辩护道，这种将男女区别对待的法律是不公的，它把女性置于一个与男性不平等的位置。

她直视着那九位男性大法官，以一位为女性争取选举权的著名女权斗士萨拉·格莉姆克的话结束了她的发言："我不想为女性要求什么额外的好处，只是想让男同胞们能把他们的脚从我们的脖子上挪开，谢谢。"

九位大法官一阵沉默。

整个过程中没有任何一位法官打断鲁斯，并向她提问——这太不寻常了。他们注视着她。是被震住了，还是压根没听？是被冒犯到了，还是已经睡着了？

实际上，这些法官们几乎没有参与过由女性进行法律辩护的庭审。

其中一位法官当晚在他的日记里评价了鲁斯的表现："C^+，非常典型的女人。"

五个月后，在对鲁斯的案子以及其他待审案件进行讨论之后，九位大法官提交了他们的裁决。

最终的投票结果以 8：1 裁定鲁斯胜诉。这是一次里程碑式的胜利：女性和男性应当享有同样的权利。

鲁斯在联邦最高法院出现的次数越来越多，大法官们也对她越来越尊敬。在接下来的九年间，她亲自参与辩护了六起案件，其中五起胜诉。她还为许多“女权计划”中的其他律师的案件写了辩护词。

能够胜诉，鲁斯当然很高兴，但是联邦最高法院的裁决有着比胜诉更重大的意义——将来的类似案件将根据她的这些判例进行审判。因此，鲁斯不仅仅在法庭上胜诉了，她还在改变着这个国家对待女性的方式。

鲁斯也会为那些男性受害者进行辩护。

她说:“性别不公会伤害到每一个人，包括男人和孩子。”

对鲁斯而言，有一个案件意义重大。这个案件的原告是一位单身父亲,他的妻子在难产中去世了。妻子生前的收入是他的两倍。鉴于他是个男性，在妻子去世之后，他作为配偶应享有的社保收入便被断掉了。这笔钱本可以支撑他全职照顾孩子。鲁斯为他进行了辩护，并最终胜诉。

她在联邦最高法院辩护的最后一个案子是反对密苏里州的一项法律，该法律规定，女性可以自行选择是否履行自己的陪审义务。在鲁斯看来，这其实是在表明，女性在重要的政府职能里是无关紧要的。

法庭对此表示赞同，她又一次胜诉了。

到了 1980 年，鲁斯已经是美国非常重要和知名的平权斗士了。她为女性，也为男性而战。

吉米 · 卡特总统任命她在级别仅次于联邦最高法院的联邦巡回上诉法院任职。她不再是一名律师，而成为向律师提出问题的法官。她的职责是对各种案件进行裁决——根据宪法，而非凭借个人喜好。从此，她踏上了对抗不公的另一条道路。

13 年后一个阳光灿烂的晴天，在白宫玫瑰园，裁决了无数案件的鲁斯被比尔·克林顿总统正式提名为联邦最高法院的大法官。

比尔·克林顿说：“我深知联邦最高法院深切地影响着所有美国人的生活。”他认为鲁斯是“我们国家最好的法官之一”。

在接受提名时，鲁斯依旧佩戴着她过早离开人世的母亲的胸针和耳环。在场的许多观众听她发言时都潸然泪下。“我希望我能成为我母亲本可以成为的那种女性——假如她能生活在一个允许女性追逐梦想、成就事业，一个女儿能够和儿子一样被重视的时代。”

那应该是一个更加平等的时代，也正是鲁斯为之奋斗的时代。

在联邦最高法院就职的第一天，鲁斯穿上了那身黑色长袍，成为了坐在高背椅上的九位大法官中的一员。

在她首次出庭的第一个小时里，鲁斯向辩护律师提出了 17 个问题——这比有些法官一个星期问的问题还要多。

如今，她成为了联邦最高法院的第二位女性大法官，法院自然需要增置一个女士洗手间。

鲁斯比以往更加努力地工作，裁决了一件又一件各个法律领域里的重大案件。

1996 年，鲁斯收获了她在对抗不平等的战斗中最丰硕的胜利果实之一。上百名女高中生申请就读弗吉尼亚军事学院，但是该学院坚持只招收男性。鲁斯认为，这种只招收男性的政策加深了“女性应有的样子”这一刻板印象。

大部分大法官站在了她这一边。

法院最终勒令弗吉尼亚军事学院开始招收女性——这是一个里程碑式的、具有深远影响的裁决。

在联邦最高法院，既然还有其他八位法官一同参与审判，那么鲁斯就不可能总是达到她所期望的结果。许多时候，她所能做的最勇敢的事就是发表“不同意见书”，对法庭上多数法官达成的意见提出异议。当她发现已经取得的社会进步出现倒退迹象时，她就会通过“不同意见书”来发声。

2007 年，法院对一起案件的裁决激怒了鲁斯。一位亚拉巴马州的女士在工作了 20 年后发现同一岗位上的男职员所得的薪酬远高于她，因此对其雇主提起了诉讼。法院以时间过了太久为由驳回了她的起诉。

在鲁斯的强烈反对下，国会最终否定了法院的裁决。为避免类似事件再次发生，2009 年，奥巴马总统签署的第一条法律就是同工同酬法案，以此致敬那位提出诉讼的女士。

鲁斯的异议促成了这一立法。

在联邦最高法院就职年间，鲁斯执掌着庄严的法槌，也是多彩生活的指挥家。

体验滑翔伞

皮划艇泛舟

骑马

桨板冲浪

滑水运动

但鲁斯大部分时间还是在工作，甚至常常通宵达旦。她始终以强硬的姿态为平权发声。其他大法官形容她“无所畏惧”。

虽然女性平权的斗争仍然任重道远，但是鲁斯和她母亲曾经饱受歧视的那个美国社会已经成为历史，这在一定程度上要归功于鲁斯。

她曾公开表示，希望有朝一日能在联邦最高法院里看到九位女性大法官。

在那一天到来之前，鲁斯·巴德·金斯伯格——这位智慧、勇敢、“咄咄逼人”的平权斗士，将始终在那里，从未离开。

鲁斯·巴德·金斯伯格（RBG）的生平大事年表

1933 年：出生于纽约布鲁克林。

1950 年：从詹姆斯·麦迪逊高中毕业。

1954 年：以第一名的成绩从康奈尔大学毕业，获政府学学士学位。

1954 年：与马丁·金斯伯格结婚，育有一女一儿：简（1955 年生），詹姆斯（1965 年生）。

1956–1959 年：先进入哈佛大学法学院学习，后转入哥伦比亚大学法学院，并以第一名的成绩毕业。

1959–1961 年：为纽约南区法院的一位法官做助理。

1963–1980 年：在罗格斯大学及哥伦比亚大学法学院任法学教授。

1970 年起：负责领导美国公民自由联盟的“女权计划”。

1980 年：被吉米·卡特总统任命为美国哥伦比亚特区联邦巡回上诉法院法官。

1993 年：被比尔·克林顿总统任命为联邦最高法院的第二位女性大法官，终身任职。

美国联邦法院系统

联邦最高法院：裁定下级法院上诉的最终法庭。在请求重审的 5000 起案件中，只有大约 150 起会被受理。联邦最高法院的裁决影响着每个美国人的日常生活。

13 个区域的美国联邦巡回上诉法院（上诉法院）：裁定下级法院或地区法院的上诉或抗诉。

美国 50 个州里有 94 个联邦地区法院：大多数案件在这里初审。

鲁斯·巴德·金斯伯格在联邦最高法院为平权而战的十大重要时刻

联邦政府诉弗吉尼亚州政府案（1996年）：

鲁斯认为弗吉尼亚军事学院应当招收女性，这一要求代表了大多数法官的意见。

小布什诉戈尔案（2000年）：

此案解决了2000年总统候选人乔治·沃克·布什和阿尔·戈尔之间的争端——联邦最高法院判决佛罗里达州的计票数有效，小布什因此当选。鲁斯对该判决持反对意见，她主张最终结果应当由州法院来裁决。

莱德贝特诉固特异轮胎橡胶公司案（2007年）：

法院裁定，员工对于雇主薪酬歧视的诉讼权将在该歧视发生的180天后失效，鲁斯对此提出强烈反对。奥巴马总统于2009年签署了一项同工同酬法案，该法案以原告人莉莉·莱德贝特命名，最终扭转了原本的裁定结果。

萨福德联合学区诉雷丁案（2009年）：

法院裁定，因怀疑一位八年级女生可能持有毒品而对其脱衣搜查这一行为属于违宪。鲁斯向其他大法官们（当时均为男性）指出，他们“从未体会过一个13岁女孩的感受”。

联邦公民诉联邦选举委员会案（2010年）：

法院裁定，企业和团体通过金钱资助候选人赢得政治选举是不受法律约束的。鲁斯坚决反对这种资本给政治带来的腐败影响，并随后声明：“如果我只能选择驳回一个案件的判决，那一定是这起案件。”

沃尔玛公司诉杜克斯案（2011年）：

法院裁定，女性员工们因薪酬歧视向沃尔玛公司提出的集体诉讼无法被受理，因为她们之间缺少普遍共性，难以被定义为一个“集体”。鲁斯对此裁定持反对意见。

谢尔比诉霍尔德案（2013年）：

法院裁定，1965年《选举法案》中保护少数群体免受歧视的部分法律属于违宪。鲁斯发表了异议，认为将这种法律上的保护弃之不用，就好像“在暴雨中把你的伞丢掉一样”。

美国诉温莎案（2013 年）：

法院裁定，同性婚姻即使在一些州是违法的，仍然可以得到联邦政府的承认。鲁斯支持这一裁定，并在同年成为第一位主持同性婚姻的大法官。

伯韦尔诉霍比罗比案（2014 年）：

法院裁定，家族企业可以以宗教信仰为由，免受有悖于其家族信仰的法律的约束。鲁斯持反对意见：“我担心，最高法院已经陷入了一个困局。”

金诉伯韦尔案（2015 年）：

法院裁定，平价医疗法案是符合宪法的。鲁斯支持该裁定，认为其保障了政府关于社会福利的立法权。

图书在版编目(CIP)数据

金斯伯格的故事：从平民女孩到大法官 / (美) 凯瑟琳 - 克鲁著；张小溪绘；屈思秦译. -- 北京：法律出版社, 2022

书名原文：No truth without ruth

ISBN 978 - 7 - 5197 - 6314 - 5

Ⅰ. ①金… Ⅱ. ①凯… ②张… ③屈… Ⅲ. ①鲁斯·巴德·金斯伯格 - 生平事迹 Ⅳ. ①K871. 251. 9

中国版本图书馆 CIP 数据核字(2022)第 028869 号

金斯伯格的故事

——从平民女孩到大法官

JINSIBOGE DE GUSHI

—CONG PINGMIN NÜHAI DAO DAFAGUAN

[美]凯瑟琳·克鲁 著

张小溪 绘

屈思秦 译

策划编辑 屈 瑶

责任编辑 屈 瑶

装帧设计 臧晓飞

出版发行 法律出版社

编辑统筹 学术·对外出版分社

责任校对 周合芝 周诗湄

责任印制 陶 松

经　　销 新华书店

开本 889 毫米 × 1194 毫米 1/12

印张 4.5 **字数** 60 千

版本 2022 年 3 月第 1 版

印次 2022 年 3 月第 1 次印刷

印刷 天津嘉恒印务有限公司

地址：北京市丰台区莲花池西里 7 号(100073)

网址：www. lawpress. com. cn

投稿邮箱：info@ lawpress. com. cn

举报盗版邮箱：jbwq@ lawpress. com. cn

销售电话：010 - 83938349

客服电话：010 - 83938350

咨询电话：010 - 63939796

书号：ISBN 978 - 7 - 5197 - 6314 - 5

定价：79. 00 元

凡购买本社图书，如有印装错误，我社负责退换。电话：010 - 83938349